STATUTS, REGLEMENS ET LETTRES PATENTES,

Pour les Maîtres Arquebusiers, Arctiers, Artilliers, Arbalestriers & Artificiers de la Ville, Fauxbourgs & Banlieuë de Paris.

Registrez en Parlement les 23 Mars 1577. & 15 Juillet 1634.

De l'Imprimerie de VALLEYRE pere, ruë de la Huchette, à la Ville de Riom.

M. DCC XXXV.

STATUTS,

REGLEMENS ET LETTRES PATENTES,

Pour les Maîtres Arquebusiers, Arctiers, Artilliers, Arbalestriers & Artificiers de la Ville, Fauxbourgs & Banlieuë de Paris.

Registrez en Parlement les 23 Mars 1577. & 15 Juillet 1634.

Du 22 Mars 1575.

HENRY, par la grace de Dieu, Roy de France & de Pologne, au Prevôt de Paris ou son Lieutenant Civil : Nous vous renvoyons les articles à Nous présentez par la Communauté des Maîtres Artilliers de notre Ville de Paris cy-attachez sous notre contre-scel : Si vous mandons & commettons par ces Presentes, que appellé notre Procureur, vous donniez & nous envoyiez votre avis sur le contenu ésdits articles, pour icelui vû faire droit ausdits Supplians, comme de raison ; de ce faire vous donnons pouvoir : Car tel est notre plaisir. Donné à Paris le 22e jour de Mars 1575. & de notre Regne le premier. Par le Roy en son Conseil. *Signé*, GOMBAUD.

Du 3 Decembre 1575.

HENRY, par la grace de Dieu, Roy de France & de Pologne : A tous presens & à venir : Salut. Sçavoir faisons, que nous ayant fait voir en notre privé Conseil les articles & statuts à Nous presentez par la Communauté des Maîtres Artilliers de notre Ville de Paris, & l'avis à Nous donné & envoyé par le Prevôt de Paris ou son Lieutenant Civil, & notre Procureur en ladite Prevôté, suivant nos Lettres Patentes du 22 Mars dernier, le tout cy-attaché sous notre contre-scel, avons par l'avis & délibération de notre Conseil le contenu ésdits articles & statuts, cy comme dit est, attaché, & chacun d'iceux eu pour agréable, & iceux authorisez, louez, ratifiez, approuvez & homologuez ; authorisons, louons, ratifions, approuvons & homologuons par ces Presentes, voulons, ordonnons & nous plaît que les articles & chacun d'iceux soient gardez, observez & entretenus par lesdits Maîtres & tous autres qu'il appartiendra, & sortent leur plein & entier effet de point en point, selon leur date, forme & teneur, & que par iceux est porté, aux peines & amandes y contenuës, sous la réserve à Nous & nos successeurs d'iceux statuts nuire, corriger, interpréter, ajoûter ou diminuer toutefois que besoin sera pour l'utilité & bien public : Si donnons en mandement à nos amez & féaux les gens tenans nos Cours de Parlement de Paris,& audit Prevôt de Paris ou son Lieutenant,& à chacun d'eux en droit soy, & si comme à lui appartiendra, qu'à ces Presentes, ensemble les Chartes & Statuts, ils fassent registrer, garder, observer & entretenir, & du contenu en iceux, & chacun d'eux joüir & user lesdits Maîtres & autres à qui il appartiendra, pleinement & paisiblement en la forme susdite, sans souffrir ne permettre qu'il y soit contrevenu en quelque sorte & maniere que ce soit; procedant ou faisant proceder contre les contrevenans par les peines & amandes portées & contenuës ésdits articles en contravention; faisant, contraindre à ce faire souffrir, & obéir tous ceux qu'il appartiendra, par toutes voyes, manieres, dûës & raisonnables, nonobstant oppositions ou appellations quelconques, pour lesquels ne voulons être differé: Car tel est notre plaisir, nonobstant quelques dites Ordonnances, Arrests & autres choses faisant au contraire. Et afin que ce soit chose ferme & stable à toujours, nous avons fait mettre notre scel à ces Presentes. Donné à Paris au mois de Décembre, l'an de grace 1575. & de notre Regne le deuxiéme: *Et au dos est écrit* : Par le Roy en son Conseil. *Signé*, GOMBEAUD. Registré, oüi le Procureur du Roy, comme il est contenu au Registre de ce jour. A Paris en Parlement le 4e jour de May 1576. *Signé*, DU TILLET, avec grille & paraphe.

AU ROY,

SIRE,

La Communauté des Maîtres Artilliers de votre bonne Ville de Paris remontre à VOTRE MAJESTE' que de toute antiquité & temps immémorial ils avoient été nombrez entre les principaux & plus necessaires métiers de votre bonne Ville de Paris, policez & gouvernez par Statuts & Ordonnances particulieres à leur Métier, portant deffenses à toutes personnes qui mésusent dudit Métier d'Artillier d'en faire office, & soy en démettre; néanmoins sous ombre que les Supplians n'auroient obtenu de VOTRE MAJESTE' Lettres de Confirmation de leurdit Métier, plusieurs particuliers gens ignorans & non experimentez au fait de l'Artillerie, entreprennent chacun jour de faire plusieurs ouvrages dudit Métier, comme de faire Picques, Lances, Bâtons à deux bouts, monter Hallebardes, Arquebuses & autres armes & bâtons à feu; & pour ce que les Supplians doutent que telle entreprise, si plus longtemps elle étoit tolérée & endurée, leur portât préjudice, & à leurs enfans & successeurs audit Métier, joint que telles manieres de gens qui pour le present s'entremettent de faire tels ouvrages, commettent plusieurs abus & tromperies dont peuvent advenir pluſieurs inconvenients, étant ledit Métier d'une grande conſéquence & duquel dépend en partie la ſureté de votre bonne Ville de Paris; attendu auſſi le long-tems qu'il y a que leſdites Ordonnances dudit Métier furent premierement rédigées par écrit; & que depuis y a eu mutation & changement és Ouvrages dudit Métier, eſt neceſſaire d'ajouter auſdites Ordonnances; à cette cauſe ſe ſeroient leſdits Supplians puis n'agueres aſſemblez, & d'un commun accord fait rédiger par écrit les articles qui enſuivent.

I. Que dorénavant nul ne ſera reçu Maître audit Métier d'Artillier, tant en la Ville qu'aux Fauxbourgs, s'il n'a été apprentif à ladte Ville, ſous les Maîtres dudit Métier, le tems & eſpace de quatre ans, & qu'il n'ait fait chef-d'œuvre.

II. Lequel chef-d'œuvre ſera d'une Arbalête garnie de ſon bandage, & d'une douzaine de Garrots briſez ſuffiſamment & dûëment faits de bon bois d'Ifs ou autre bois bien aſſaiſonné, & d'une trouſſe de Fléches garnies d'un volet ou d'une Arquebuze à roüet, montée & affutée, ou d'une couple de Piſtolets à roüet auſſi montez & affutez.

III. Qu'auparavant que bailler par les Jurez chef-d'œuvre à ceux qui aſpireront à la Maîtriſe; iceux Jurez ſeront tenus de s'enquerir de leurs bonnes vies & mœurs par les Maîtres chez leſquels ils auront ſervi, pour ſelon leur raport leur ordonner chef-d'œuvre ou les en débouter.

IV. Lequel chef-d'œuvre après ladite inquiſition faite, ſeront tenus les Compagnons qui aſpireront à la Maîtrise, faire en la maison d'un desdits Jurez tel qui leur sera divisé, & icelui fait & parfait en feront lesdits Jurez leur rapport dedans 24 heures après pardevant votre Procureur au Châtelet, lequel prendra le serment de ceux qui auront été reconnus & rapportez suffisans.

V. Celui qui sera reçû Maître payera à chacun des Jurez & Gardes dudit Métier pour leursdites peines, salaires & vacations d'avoir assisté à voir faire ledit chef-d'œuvre 32 sols *parisis*, sans que lesdits Jurez puissent prendre ou exiger autres droits, encore qu'il leur fût offert, sur peine de privation de leur charge de Jurez & du quadruple.

VI. Nul ne pourra faire fait de Maître dudit Métier en cette Ville de Paris & Fauxbourgs, & dresser un Ouvrier en ladite Ville & Fauxbourgs s'il n'a été reçû & institué Maître dudit Métier par la forme & maniere que dessus déclarée.

VII. *Item*. Que dorénavant chacun desdits Maîtres ne pourra avoir plus d'un aprentif, lequel il ne pourra prendre à moindre tems que de quatre ans; & auparavant que le mettre en besogne sera tenu le faire obliger pardevant deux Notaires, sous peine de 40 sols *parisis* d'amande; toutefois afin qu'ils ne demeurent dépourvûs d'apprentifs, pourront sur la troisiéme ou quatriéme année de leur apprentissage en prendre un autre.

IX. Les enfans des Maîtres seront reçûs à ladite Maîtrise en faisant expérience simple, telle qu'elle leur sera divisée par les Jurez pour montrer de leur suffisance, & leur pourront leurs peres apprendre leur Métier, sans ce qu'ils tiennent à leurs peres lieu d'apprentif, outre par dessus lesquels les Maîtres pourront avoir un apprentif en la forme qu'il a été dit cy-dessus; toutefois si lesdits enfans de Maîtres apprenoient leur métier ailleurs qu'en la maison de leurs susdits peres, ils tiendroient lieu d'apprentifs. En tout cas soit en la maison de leurs peres ou d'autres feront apprentissage quatre ans auparavant que de pouvoir parvenir à ladite Maîtrise.

X. Les veuves des Maîtres tant qu'elles se contiendront en viduité pourront tenir Ouvroir, en prenant avec elles personnes capables pour icelui tenir, & joüiront de pareils privileges que leurs maris vivans; mais si elles se remarient en secondes nôces, elles perdront leurs Privileges, seront tenuës de fermer leurs Boutiques & ne pourront s'entre-mettre dudit métier.

XI. Ne pourront les Maîtres dudit métier colporter lesdits Ouvrages par la Ville & Fauxbourgs de Paris pour les exposer en vente; mais les vendront en leurs Boutiques & ouvroirs, sinon qu'ils eussent été requis par les Bourgeois de leur en porter.

XII. Ne pourront les Marchands Forains vendre leursdites Marchandises & ouvrages dudit métier, qu'ils n'ayent été vûs & visitez par lesdits Jurez, sur peine d'amende arbitraire; mais aussi seront tenus iceux Jurez, toutes choses laissées, aller visiter iceux ouvrages là où ils seront arrivez si-tôt qu'ils en seront avertis.

XIII. Ne pourront les Jurez dudit métier intenter ou commencer aucun procès touchant le Reglement, fait & police dudit métier, sans premierement avertir la Communauté, & que la plûpart s'accordât ainsi le faire, & ce sur peine ausdits Jurez de perdre tout ce qu'ils auront mis, & de porter l'évenement du procès en leurs noms.

XIV. Les Veuves des Maîtres dudit métier lesquelles besogneront & tiendront ouvroirs dudit métier ne pourront pendant leur viduité prendre ni faire aucuns apprentifs qui ayent la franchise dudit métier, telle que dit est, bien pourront toutefois tenir les Apprentifs de leurs deffunts maris pour le tems qu'il restera de leur apprentissage, pourvû qu'elles ne se remarient à autre qui soit d'un autre métier, & en ce cas seront tenus de mettre leursdits Apprentifs ès mains desdits Jurez pour leur pourvoir de Maîtres.

XV. Nul Maître dudit métier ne pourra tenir deux ou plusieurs ouvroirs en divers lieux, sur peine de dix liv. *parisis* d'amende.

XVI. *Item.* S'il advient que aucun Maître dudit métier mariât sa fille à un compagnon dudit métier, ou qu'une veuve de Maître dudit métier se remariât à un compagnon qui n'eût été apprentif en cette Ville de Paris, neanmoins s'il a servi les Maîtres par le temps & espace de quatre ans, en ce cas ledit compagnon sera reçu à faire experience dudit métier, pour parvenir à la Maîtrise, ainsi que s'il étoit fils de Maître.

XVII. *Item.* Ne pourront les Maîtres dudit métier bailler à besogner à un Etranger que prélablement les Compagnons qui auront été apprentifs dudit métier en cette Ville, ne soient mis en besogne, s'ils le requierent pour même prix que l'Etranger.

XVIII. Est défendu à tous Maîtres dudit métier de

soustraire les apprentifs & serviteurs les uns des autres & les mettre en besogne que premierement ils n'ayent entendu du Maître du service duquel ils se seront départis, les causes pour lesquelles ils auront laissé leur service, & iceux en soient contens, sous peine de dix livres *parisis* d'amende.

XIX. Ne pourront lesdits Maîtres mettre en besogne les apprentifs & serviteurs qui seront départis du service d'autres Maîtres pour larcin ou autre cas qui merite la correction de Justice, que premierement lesdits serviteurs & apprentifs n'ayent été purgez par Justice des cas à eux imposez, sur peine de pareille amende.

XX. *Item.* Pour obvier à plusieurs abus & malversations commises de jour en jour audit métier par plusieurs compagnons, chambrelans, lesquels font toutes sortes d'ouvrages dudit métier, les envoyent & les font vendre, débiter & colporter par leurs femmes & enfans & autres personnes attitrées, prennent en outre des jeunes enfans en apprentissage & serviteurs pour leur aider & faire lesdits ouvrages qui sont la plusspart mal & indûëment faites & de nulle valeur, le tout contre les ordonnances dudit métier; inhibitions & défenses seront pareillement faites à tous compagnons de faire état de maître, tenir serviteurs & apprentifs & faire aucuns ouvrages secretement en leurs chambres, & à eux enjoint d'aller servir & besogner de leur métier chez les maîtres, sur peine en cas de contravention, d'amende arbitraire & de prison.

XXI. Qu'aucun maître ne pourra faire faire aucun

ouvrage dudit métier hors de ſa maiſon, ſi ce n'eſt par un pauvre maître qui n'a moyen ni faculté de tenir Boutique pour lui donner moyen de vivre & ſurvenir à ſes neceſſitez.

XXII. *Item.* Les Ouvriers dudit métier ſeront tenus de faire Arcs de bon bois d'If ou autres, bois ſuffiſant, bien aſſaiſonné & qu'il ſoit gardé; en ce faiſant en lieu où il doit être gardé, à ce qu'il ne ſe puiſſe rompre par faute d'être bien fait, & qu'il ſoit bien encommencé & achevé de tout point, ſur peine de vingt ſ. *pariſis* d'amende, à payer comme deſſus.

XXIII. *Item.* Pourront ceux dudit métier faire & vendre Arcs de pluſieurs piéces, pourvû qu'elles ſoient bien aſſemblées & collées de bonne colle, bien & ſuffiſamment.

XXIV. *Item.* Seront tenus de faire Fléches de bon bois ſec, bien corroyé & aſſaiſonné, & bien tranſverſé de bonne corne, bien collées, entaillées de pluſieurs piéces & enpennées, & de ſuffiſante longueur; c'eſt-à-ſçavoir, les Fléches de deux pieds & demi, & deux doigts de long; ſur ladite peine de vingt ſols *pariſis* d'amende, à payer comme deſſus.

XXV. *Item.* Seront tenus de faire Arbaleſtes d'acier, tant à Trait qu'à Javelot, bonnes & ſuffiſantes, garnies de leurs Bandages.

XXVI. Et pour le regard des Fuſils, d'Arquebuzes, Piſtolles & Piſtollets, Piques, Lances, Bâtons à deux bouts, & Fuſts de Hallebardes ſeront faits de bois de Poirier, Noyer, Cormier, Frêne, Sapin, Ceriſier, Meſlier, Meriſier, & autre bon bois, bon & convenable auſdits ouvrages.

XXVII. Et pourront les Maîtres dudit métier faire toutes ſortes d'Arcs, Fléches, Arbaleſtes, Garrots, Bandages d'Arbaleſte, Arquebuzes, Piſtolles & Piſtollets, Picques & Lances, affuter & monter leſdites Arquebuzes, Piſtolles, Piſtollets & Hallebardes, faire Picques, Bâtons à deux bouts, les ferrer, vendre & tous autres Bâtons ouvrez en ronds ou aux rabots, Arbaleſtes à traits ou à javelots, & vendre leſdits ouvrages cy-deſſus ſpecifiez en leurs ouvroirs ſeuls & privativement à tous autres métiers.

XXVIII. *Item.* Si aucun dudit métier, ſoit Marchand Forain ou autre, vend en cette Ville de Paris à quelques perſonnes que ce ſoit, Arbaleſte, tant d'acier que de bois, Arquebuze, Piſtolles & Piſtollets, celui qui les aura achetez les pourra eſſayer & d'icelles tirer trois coups ſi bon lui ſemble en la preſence du vendeur, pour ſçavoir ſi elles ſeront bonnes & loyalles & ſi en tirant leſdits trois coups, icelle ou icelles Arbaleſtes, Arquebuzes, Piſtolles & Piſtollets rompent ou froiſſent, celui qui les aura vendus ſera tenu de les reprendre & de reſtituer les deniers ſi aucuns en a reçus.

XXIX. *Item.* Tous Marchands Forains & autres Marchands de cette Ville de Paris qui ameneront ou feront amener en cette Ville de Paris marchandiſes d'Artillerie, incontinent icelles arrivées ſeront tenus les faire voir & viſiter par les Jurez & Gardes dudit métier avant que les expoſer en vente, ſur peine de confiſcation des denrées & marchandiſes & de vingt ſols *pariſis* d'amende, à appliquer comme deſſus ; & après ladite viſitation faite ſera lottie entre les Maîtres dudit métier qui en voudroient avoir, & à cette fin les Jurez dudit métier seront tenus si-tôt que ladite Marchandise sera arrivée, en faire avertir les Maîtres dudit métier.

XXX. *Item.* Que les Maîtres dudit métier seront francs & quittes de toutes impositions pour la Marchandise. qu'ils feront amener de dehors servant à leurdit métier, attendu que c'est pour la défense & sureté de ladite bonne Ville de Paris.

XXXI. Que pour la conservation des presentes Ordonnances il y aura quatre Jurez qui seront élus par la Communauté dudit métier, pardevant le Procureur du Roy audit Châtelet par chacun an, comme les Jurez des autres métiers.

XXXII. Que les Jurez feront toutes les visitations necessaires à faire audit métier, tant en la Ville que Fauxbourgs de Paris, sans que pour visiter ésdits Fauxbourgs ils soient tenus demander licence aux Hauts Justiciers autre que le Prevôt de Paris, quelque privilege de droit de Justice qu'ils ayent, attendu qu'il est question du fait de Police, de laquelle la connoissance appartient au Prevôt de Paris & non à autres.

Registré, ouy le Procureur General du Roy, comme il est contenu au Registre de ce jour. A Paris en Parlement le quatriéme jour de May l'an 1576.

Signé DU TILLET.

AUTRES LETTRES PATENTES du même Roy.

Du mois de Septembre 1576.

HENRY, par la grace de Dieu, Roy de France & de Pologne : Sçavoir faisons à tous presens & à venir, Nous avoir reçu l'humble supplication & requeste de nos bien Amez les Arquebusiers de cette notre bonne Ville de Paris, contenant qu'il étoit tres-utile & necessaire ériger les Arts & Métiers en Métier Juré, afin de revisiter ceux qui en abusent, & que en icelui ne fussent reçus ni admis aucunes personnes qui ne fussent suffisans & capables, jouxte les articles des Ordonnances qui en seroient faites ; laquelle Requeste nous avons renvoyé à notre amé & feal le Prevôt de Paris ou son Lieutenant, & à notre Avocat & Procureur en ladite Prevôté, pour sur le contenu en icelles nous donner & envoyer leur avis ; ce qu'ils auroient fait après information faite d'office, à la requeste de notredit Procureur, en laquelle ont été ouis plusieurs nobles & notables Bourgeois de cette notre bonne Ville de Paris : Nous supplians & requerans lesdits Arquebusiers leur vouloir sur ce pourvoir. Pour ces causes en ensuivant les informations & avis, & pour éviviter aux malfaçons, fraudes & abus qui se commettent chacun jour audit métier, avons par l'avis & déliberation de notre Conseil, créé & jugé & gouverné à l'avenir sous Ordonnances telles qu'elles sont contenues ès articles cy-attachez ſous notre contreſcel, que nous avons confirmez, ratifiez & approuvez, ordonnons, confirmons, ratiffions & approuvons par ceſdits Statuts & Ordonnances pour en joüir & uſer par leſdits Arquebuziers & leurs ſucceſſeurs audit état & métier de Arquebuzier paiſiblement & perpetuellement : Voulons, Ordonnons & Nous plaît que ceux qui ont accoutumé faire les *Ouvrages de Canons, Arquebuzes, Piſtolles, Piſtollets & Roüets ſoient admis & reçus audit Métier & Maîtriſe d'icelle*, qui ſera diſtinct & ſéparé des autres Métiers d'icelle notre Ville & Fauxbourg de Paris. Si donnons en mandement par ces Preſentes audit Prevôt de Paris ou ſon Lieutenant & tous nos autres Juſticiers ou leurs Lieutenans & chacun d'eux, ſi comme à lui appartiendra, que de nos preſens Edits de création en Métier, Jurez, Statuts, Ordonnances, confirmation, ratification & approbation contenus cy-deſſus, ils faſſent lire, publier & enregiſtrer, garder & obſerver en notredite Ville & Fauxbourgs de Paris, ſelon leur forme & teneur, ſans qu'il y ſoit contrevenu ; & du contenu faſſent, ſouffrent & laiſſent leſdits Supplians & leurs ſucceſſeurs audit Métier joüir & uſer pleinement & paiſiblement, ſans leur faire mettre ou donner, ne ſouffrent leur être fait, mis ou donné aucun trouble ou empêchement au contraire, lequel ſi fait, mis ou donné leur étoit, mettent ou faſſent mettre incontinent & ſans délai, à pleine délivrance & au premier état & des contraignans à faire & obéïr tous ceux qu'il appartiendra par toutes voyes dûës & raiſonnables, nonobſtant oppoſitions ou appellations

pellations quelconques & sans préjudice d'icelles, pour lesquelles ne voulons être differé ; Car tel est notre plaisir, en témoin de quoi nous avons fait mettre notre Scel à ces Présentes, sauf en autres choses nos droits & l'autrui en toutes. Donné à Paris, au mois de Septembre, l'an de grace 1576. & de notre Regne le troisiéme.

Et au dos est écrit.

Registré, oüi le Procureur General du Roy, comme il est contenu au Registre de ce jour. A Paris en Parlement, ce vingt-troisiéme jour de Mars 1576.

Signé, DU TILLET.

Visa. Et est encore écrit.

Par le Roy, Me OLIVIER DU DRAD, *Maître des Requestes Ordinaires de son Hôtel, Lieutenant Civil.*

CONFIRMATION DES PRECEDENS Statuts par le Roy LOUIS XIII. ausquels il a été ajouté six nouveaux articles.

Du 4 *May* 1734.

A Tous ceux qui ces presentes Lettres verront : LOUIS SEGUIER, Chevalier, Baron de Saint Brisson, sieur des Ruaux & de Saint Firmant, Conseiller du Roy, Gentilhomme Ordinaire à sa Chambre & Garde de la Prevôté de Paris : Salut. Sçavoir faisons, que vû la Requeste à Nous presentée & baillée par écrit par les Maîtres Jurez Arquebuziers de cette Ville de Paris & Communauté dudit Métier, expositive, que de tout temps & ancienneté il y a eu des Ordonnances qui ont été gardées & observées audit Métier, suivant les articles qui en ont été rédigez par écrit & registrez ès Registres de la Cour de Parlement, après avoir oüi sur icelles le Procureur General du Roy, dès le 23 Mars 1577. comme il est justifié èsdits articles desdites Ordonnances qui sont transcrites en parchemin & signé enfin DU TILLET, depuis lequel temps, quoique lesdites Ordonnances ayent entierement été gardées & observées, il a été reconnu par la Communauté dudit Métier, être utile & nécessaire d'augmenter six articles èsdites Ordonnances; copie desquelles ayant été tirée sur lesdites Ordonnances en parchemin, il a été transcrit enfin de ladite copie les articles qui conviennent dit est lors necessaires d'augmenter lesdites Ordonnances, lesquelles ayant été vûs & considerez avec lesdits six articles augmentez par tous les Maîtres anciens, Jurez & Bacheliers dudit Métier, en auroient tous d'une voix advisé & arresté l'entretenement desdites Ordonnances, & en icelles ajouté les six articles qu'il convient augmenter, lesquels sont transcrits enfin des articles desdites Ordonnances; laquelle copie ayant été vûë de toute ladite Communauté auroit été signée de tous les Maîtres pour rendre preuve qu'ils en ont eu & ont pour agréable l'augmentation desdits six articles, lesquels pour la plus grande approbation lesdits Expoſans deſireroient eſtre par Nous homologuez, requerent attendu ce que deſſus, & qu'il nous apparoiſſoit deſdites anciennes Ordonnances, avec copie d'icelles, ſignée de toute la Communauté, qu'il Nous plût ordonner que les ſix articles augmentez èſdites Ordonnances ſeront homologuez ſelon leur forme & teneur, pour eſtre à l'avenir inviolablement gardez & obſervez avec leſdites anciennes Ordonnances, ſelon & ainſi qu'il eſt plus particulierement déclaré par ladite copie, ſignée de toute ladite Communauté; laquelle copie à cette fin fut regiſtrée au Greffe du Châtelet de Paris pour y avoir recours quand & ainſi qu'il appartiendroit; vû auſſi l'avis du Procureur du Roy, du 22e jour d'Avril dernier, ſigné, *Voiſin*; par lequel après avoir oüi ladite Communauté, ſur le réquiſitoire par eux fait de pouvoir faire toutes ſortes d'Arbaleſtres d'Acier, garnies de leurs Bandages, Arquebuzès, Piſtollets, Piques, Lances; affuter, monter leſdits Acquebuſes, Piſtollets, Hallebardes & Bâtons à deux bouts, les ferrer & vendre, comme auſſi tout autre Bâton ouvragé en rond ou au rabot dans leurs Boutiques, privativement à tout autre Métier, & qu'aucun d'entr'eux ne pût tenir plus de deux Compagnons que les autres Maîtres, n'en euſſent autant ſi-bon leur ſemble, à peine d'amende; auroit été d'avis qu'étant les Maîtres dudit Métier d'Arquebuzier pourroient faire toutes ſortes d'Arbaleſtres, garnies de leurs bandages, Arquebuſes, Piſtolets, Piques, Lances affutez, monteroient leſdites Arquebuſes, Piſtollets & Bâtons à deux bouts, les ferreroient & vendroient, comme auſſi tous autres Bâtons ouvragez en rond ou au rabot dans leurs Boutiques, & ce privativement à tout autre Métier, & qu'aucun d'eux ne puisse tenir plus de deux Compagnons que les autres Maîtres n'en ayent autant, si-bon leur semble, à peine d'amende, & que les fils de Maîtres fussent reçus Maîtres audit Métier en faisant experience par eux en la maniere accoutumée, comme aussi les Compagnons épousans fille de Maître; & qu'aucun Maître dudit Métier ne puisse être élu Juré qu'il n'ait été auparavant Maître de Confrerie, à peine de nullité de l'Election qui en auroit été faite, & de demi écu d'amende contre chacun des Maîtres qui auront donné voix à celui qui n'aura été Maître de Confrerie. Surquoi avons ledit Avis du Procureur du Roy susdaté, confirmé, approuvé & homologué; confirmons, approuvons & homologuons de point en point selon la forme & teneur du present; icelui ordonnons que tous les Maîtres dudit métier d'Arquebusier pourront faire toutes sortes d'Arbalestres d'acier, garnies de leurs bandages, Arquebuses, Pistollets, Picques, Lances affutez, monteront lesdites Arquebuses, Pistollets, Hallebardes & Bâtons à deux bouts, les ferreront & vendront, comme aussi tous autres Bâtons ouvragez en rond ou au rabot dans leurs Boutiques, privativement à tout autre métier, & qu'aucun d'eux ne pourra tenir plus de deux Compagnons, que les autres Maîtres n'en ayent autant, si bon leur semble, à peine d'amende; & que les Fils de Maîtres seront reçûs Maîtres audit métier, en faisant par eux experience en la maniere accoutumée; comme aussi les Compagnons épousans les Filles de Maîtres, faisant iceux experience pareille à celle des Fils de Maîtres, & qu'aucun Maître dudit métier ne pourra être élû Juré qu'il n'ait été auparavant Maître de Confrerie, à peine de nullité de l'élection qui en aura été faite & de demi écu d'amende contre chacun des Maîtres qui auront donné voix à celui qui n'aura été Maître de Confrerie : En témoin de ce Nous avons fait sceller ces Presentes. Fait & donné par Messire Michel Moreau, Conseiller du Roy en ses Conseils d'Etat privé, Lieutenant Civil de la Ville, Prevôté & Vicomté de Paris, & Prevôt des Marchands de ladite Ville, le Jeudy quatriéme jour de May mil six cens trente-quatre.

Signé, DROUARD.

Du mois de May 1634.

LOUIS par la grace de Dieu, Roy de France & de Navarre : A tous presens & à venir, Salut : Les Maîtres Jurez Arquebusiers, Artilliers, Arbalestriers en notre bonne Ville & Fauxbourgs de Paris, nous ont fait remontrer que pour empêcher les abus & malversations qui se pourroient commettre audit métier, ils auroient dès l'année 1575. & 1576. convenu & accordé entr'eux de plusieurs Articles & Statuts qui auroient été confirmez & approuvez par le feu Roy Henry III. notre Prédecesseur, & créé icelui métier en Jurande, lesquels Statuts auroient été registrez en notre Parlement de Paris, & iceux gardez & observez depuis lesdits temps, ausquels lesdits Exposans ayant reconnu être utile & necessaire d'en augmenter six Articles, ils les auroient presentez au Substitut de notre Procureur General & Lieutenant Civil au Châtelet, qui les auroient trouvez raisonnables, au moyen dequoi ils nous ont supplié très-humblement leur accorder nos Brevets de Confirmation, tant desdits anciens Articles & Statuts, que nouveaux. A CES CAUSES, après avoir fait voir en notre Conseil lesdits Articles, & les Brevets de Confirmation sur iceux des mois de Decembre 1575. & Septembre 1576. & registrés audit Parlement de Paris le quatre May 1576. & 23 Mars 1577. ensemble lesdits six nouveaux Articles mentionnez ès Acte & Sentence desdits Substituts de notre Procureur General & Lieutenant Civil audit Châtelet des 22 Avril & 4 May dernier, le tout ci-attaché sous le contre-sel de notre Chancellerie; de l'avis d'icelui notredit Conseil, avons iceux Articles & Statuts confirmez & approuvez, & de notre grace speciale, pleine puissance & autorité Royale, confirmons & approuvons pour en joüir par eux & leurs successeurs, ainsi qu'ils en ont bien & dûment joüy, & en usent & joüissent encore à present, ensemble lesdits nouveaux Articles, suivant & conformément aux Sentences desdits Substituts de notre Procureur General & Lieutenant Civil au Châtelet. SI DONNONS EN MANDEMENT à nos amez & feaux Conseillers les Gens tenans notre Cour de Parlement de Paris, Prevôt dudit lieu, ou son Lieutenant Civil audit Châtelet, & à tous autres nos Justiciers & Officiers qu'il appartiendra, que ces Presentes ils fassent registrer, & du contenu en icelles ils fassent, souffrent & laissent joüir & user lesdits Exposans & leurs successeurs audit métier, pleinement, paisiblement & perpetuellement, cessant & faisant cesser tout trouble & empêchement à ce contraire : CAR tel est notre plaisir ; & afin que ce soit chose ferme & stable à toujours, Nous avons fait mettre notre Seel à ces Presentes, sauf ès autres choses notre droit & l'autrui en toutes. DONNE' à Paris au mois de May l'an de de Grace 1634. & de notre Regne le vingt-quatre. *Signé sur le reply*, par le Roi, NORAIST. *Et à côté*, Registré, oüi le Procureur du Roy, pour joüir par les Impetrans de l'effet & contenu en icelles. A Paris en Parlement le 15 Juillet 1634. *Signé*, CONTENTOT & BONNET, & scellé du grand Sceau de cire verte.

FIN.

Les presens Statuts, Reglemens & Lettres Patentes ont été imprimez pour la premiere fois sous la Jurande de LOUIS DESCHAMPS, JEAN DE LA BORDE, FERIAL ROUGIES, dit S. Germain, & HENRY BARGE, en l'année 1735.

OFFICIERS DE LA COMMUNAUTE'.

M. CHASTENET, Procureur au Parlement & de la Communauté, ruë Guenegaud.

M. BELLISSEN, Procureur au Châtelet & de la Communauté, ruë des Boucheries, Quartier S. Germain des Prez.

M. EDME MARCHAND, Huissier au Châtelet & de ladite Communauté, ruë des trois Maures.

PIERRE JARRY, Clerc de la Communauté, au Bureau, au Marché-Neuf, à la Cage.

www.ingramcontent.com/pod-product-compliance
Lightning Source LLC
LaVergne TN
LVHW010014230826
846092LV00002B/818

9782329616339